LA FORESTA AMAZZONICA

L'autore
Alex Woolf ha scritto più di 150 libri, sia di narrativa che non-fiction, la maggior parte per bambini. Ha trattato gli argomenti più disparati, tra cui gli antichi Romani, la cioccolata, gli asteroidi, gli squali, i Tudor, i rettili volanti, il sapone, le api e l'acne. Molti di questi libri sono stati venduti in tutto il mondo e tradotti in oltre 12 lingue.

L'illustratrice
Isobel Lundie è un'illustratrice e grafica che lavora a Brighton. Dopo essersi laureata in Illustrazione e Animazione alla Kingston University con il massimo dei voti e la lode, si è specializzata nell'editoria per l'infanzia. Ha avuto l'onore di illustrare libri per Salariya, Usborne, Random House, Dk e Good Book Company. Usa molti materiali diversi, come la carta per fare collage, le matite, l'inchiostro e i supporti digitali. Crea lavori dettagliati con personaggi stravaganti che fanno ridere i bambini.

La consulente
Helen Lambert, laureata con lode in materie scientifiche e attualmente impegnata in un dottorato, è una scienziata specializzata nel benessere degli animali. È apprezzata in tutto il mondo per la sua esperienza e ricerca sulle emozioni degli animali. Per anni, Helen ha lavorato e fatto ricerca per il settore della beneficenza, e ora gestisce la sua attività di consulenza, la Animal Welfare Consultancy.

DoReMi è un marchio EDICART Style
Via Jucker, 28 - Legnano (MI) - Italia
Titolo originale: *All The Way Down - Amazon Rainforest*

Traduzione dall'inglese di *Emma Lenzi*

www.edicart.it

LA FORESTA AMAZZONICA

Testi di Alex Woolf
Illustrazioni di Isobel Lundie

DoReMi

SOMMARIO

PERCHÉ LE FORESTE PLUVIALI SONO TANTO IMPORTANTI?

1. GLI ALBERI DELLE FORESTE PLUVIALI PRODUCONO OSSIGENO E ASSORBONO L'ANIDRIDE CARBONICA, AIUTANDO A RIDURRE GLI EFFETTI DEL CAMBIAMENTO CLIMATICO.

2. LE FORESTE PLUVIALI AIUTANO A MANTENERE IL CICLO DELL'ACQUA NEL MONDO. ALBERI E PIANTE RILASCIANO ACQUA DALLE FOGLIE, CHE CONTRIBUISCE ALLA FORMAZIONE DI NUVOLE CARICHE DI PIOGGIA.

3. LE RADICI DEGLI ALBERI DELLE FORESTE PLUVIALI AIUTANO A MANTENERE FERMO IL TERRENO. SENZA DI LORO, POTREBBE ESSERE EROSO DAL VENTO E DALLA PIOGGIA.

4. LE FORESTE PLUVIALI TROPICALI SONO L'HABITAT DI PIÙ DI 30 MILIONI DI SPECIE VEGETALI E ANIMALI.

5. LE FORESTE TROPICALI SONO NOTE COME LA "FARMACIA PIÙ GRANDE DEL MONDO": PIÙ DEL 25% DELLE MEDICINE MODERNE NASCONO DALLE PIANTE DI QUESTE FORESTE.

INTRODUZIONE

Le foreste pluviali tropicali si trovano in Asia, nelle Americhe, in Africa, in Australia e in molte isole del Pacifico. Ai tropici (vicino all'equatore) sono calde e umide, e ospitano una ricca varietà di forme di vita. Sebbene ricoprano soltanto il 6% della superficie della Terra, ospitano dal 45 all'80% di tutte le specie di piante e animali.

GLI STRATI DELLA FORESTA PLUVIALE

Le foreste pluviali sono suddivise in strati: lo strato emergente, la canopea, il sottobosco e il suolo della foresta. Ogni strato riceve una diversa quantità di luce solare e pioggia, determinando così quali piante e animali ci vivono. I fiumi formano un altro ecosistema della foresta pluviale. Gli strati di una foresta pluviale non sono separati: le specie di ogni strato interagiscono tra loro e molte si spostano tra gli strati.

COME USARE QUESTO LIBRO

In questo libro potrai viaggiare dalla cima degli alberi verso il suolo di una foresta pluviale tropicale, esplorando uno strato dopo l'altro. Scopri gli strani e meravigliosi animali che popolano la foresta pluviale, e come si sono adattati al loro particolare ambiente.

Buon viaggio!

FIUME (- 30 – 0 m)

Nelle foreste pluviali tropicali si trovano alcuni dei più grandi fiumi del mondo, alimentati da innumerevoli affluenti più piccoli, corsi d'acqua e insenature.

STRATO EMERGENTE
(40 – 70 m)
È formato dagli alberi più alti della foresta pluviale.
CANOPEA
(30 – 40 m)
Il “tetto” della foresta pluviale ospita la maggior parte della vita della foresta.
SOTTOBOSCO
(5 – 30 m)
Un luogo ombroso con piante e piccoli o giovani alberi.
SUOLO DELLA FORESTA
(0 – 5 m)
Questo strato riceve meno del 2% di luce solare.
80 m
70 m
60 m
50 m
40 m
30 m
20 m
10 m
0 m
-10 m
-20 m
-30 m

LO STRATO EMERGENTE

Lo strato emergente è lo strato più alto della foresta pluviale, dove si trovano le cime degli alberi. Questi alberi sono alti 40 metri o più, quindi spuntano dalla canopea, in piena luce solare. I più alti possono raggiungere i 70 metri. Di tutti gli strati, questo è quello che riceve più luce solare, pioggia e vento.

ANIMALI

Gli animali che vivono in questo strato tendono a essere piccoli e leggeri, così che i rami in cima agli alberi possano reggerli. Alcuni animali vivono sia in questo strato che nella canopea, tra cui bradipi, scimmie scoiattolo, cebi cappuccino e scimmie ragno, diverse specie di pipistrelli, serpenti e ragni.

IMPOLLINAZIONE

Nello strato emergente c'è molto vento, che sparge i semi e il polline in altre zone della foresta pluviale. Questo processo è necessario per l'impollinazione (fertilizzazione delle piante). Anche gli uccelli e gli insetti che vivono nello strato emergente sono essenziali per l'impollinazione: si nutrono del nettare dei fiori e dei granelli di polline sopra, e poi li trasportano in altre zone della foresta.

RADICI DI SOSTEGNO

Il suolo della foresta pluviale non è molto profondo o ricco di nutrienti quindi, per crescere abbastanza in alto da arrivare allo strato emergente, un albero ha bisogno di radici di sostegno che crescono su tutti i lati dell'albero e si estendono in orizzontale fino a 60 metri, sostenendo e prendendo i nutrienti da un'ampia area. Le radici di sostegno di diversi alberi si intrecciano tra loro per sostenere ancora di più.

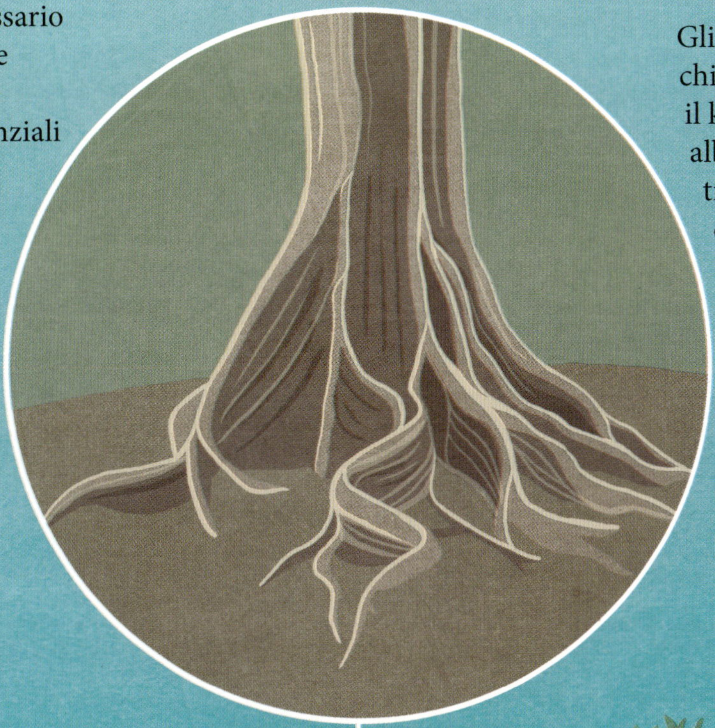

ALBERI

Gli alberi dello strato emergente si chiamano "emergenti" e includono il kapok e il noce brasiliano. Questi alberi sono molto distanziati tra loro e di solito hanno una chioma a forma di fungo. Le loro foglie tendono a essere piccole e appuntite, con la superficie ricoperta di cera per proteggerle dal sole. Il clima varia molto nello strato emergente: sole caldo, pioggia intensa e venti forti. Gli alberi emergenti devono resistere a queste condizioni.

1. POIANA CODABIANCA
Lunghezza: 44-60 cm
Durata della vita: 10-15 anni
2. ARA MACAO
Lunghezza: circa 81 cm
Durata della vita:
40-50 anni
3. AQUILA ARPIA
Lunghezza: circa 1 m
Durata della vita:
25-35 anni
4. AVVOLTOIO REALE
Lunghezza: 67–81 cm
Durata della vita: 20-25 anni
5. COLIBRÌ
Lunghezza: 5–13 cm
Durata della vita: 3–7 anni

NEL CIELO

LO STRATO EMERGENTE DELLA FORESTA AMAZZONICA OSPITA MOLTE SPECIE DI UCCELLI. COSÌ IN ALTO, HANNO MOLTO SPAZIO PER VAGARE NELLA FORESTA, LANCIARSI SU PREDE E PIANTE. INOLTRE, I LORO NIDI SONO MENO ATTACCATI DAI PREDATORI DI QUANTO LO SAREBBERO PIÙ IN BASSO. I SUPERPREDATORI DI QUESTO STRATO SONO L'AQUILA ARPIA E LA POIANA CODABIANCA.

1 **POIANA CODABIANCA** A questo rapace piace cacciare nello strato emergente, dove ci sono meno alberi degli strati sottostanti a ostacolare il suo volo. Si libra in aria scrutando intorno a sé, prima di lanciarsi in picchiata verso la preda. Si nutre di piccoli mammiferi, rettili, uccelli e insetti.

2 **ARA MACAO** Questi grandi e colorati pappagalli vivono nello strato emergente e nella canopea superiore, dove hanno lo spazio per raggiungere una velocità di 56 km/h. Di solito volano da soli o in coppia, e a volte in stormo. Si nutrono di frutta e semi.

3 **AQUILA ARPIA** L'apertura alare di questi enormi e spaventosi rapaci può raggiungere i 2 m e hanno artigli lunghi 13 cm, più lunghi di quelli di un orso grizzly. Fanno il nido in alto sui kapok e cacciano bradipi e scimmie, oltre ad altri mammiferi, rettili e uccelli.

4 **AVVOLTOIO REALE** Questi uccelli spazzini hanno una vista molto acuta. Si appollaiano sui rami più alti dello strato emergente e cercano le carogne (resti di animali) più in basso. Quando ne vedono una, si lanciano giù in gruppo (fino a 12 uccelli) e allontanano gli altri animali saprofagi per mangiare.

5 **COLIBRÌ** Questi uccelli sono degli aviatori incredibili. Possono restare sospesi a mezz'aria, volare all'indietro e perfino a testa in giù. Sbattono le ali fino a 80 volte al secondo, mentre sfrecciano da un fiore all'altro tra le cime degli alberi dello strato emergente, bevendo nettare e mangiando insetti.

6 **STRIX NIGROLINEATA** Questo predatore caccia di notte grandi insetti, pipistrelli, roditori, uccelli e raganelle. Costruisce il nido nello strato superiore per proteggere le uova e i pulcini dai predatori che si arrampicano.

80 m
70 m
60 m
50 m
40 m
30 m
20 m
10 m
0 m
-10 m
-20 m
-30 m

LA CANOPEA

Sotto lo strato emergente, l'intreccio di alberi e foglie forma un folto ammasso posto sopra la foresta come un ombrello gigante: la canopea. Qui circa l'80% della luce solare è assorbita dalle foglie, così come la maggior parte della pioggia, e contiene circa dal 70 all'80% di tutta la vita in una foresta pluviale. Di solito si erge dai 30 ai 40 metri sopra il suolo.

FUNIVIA

I turisti possono esplorare la foresta pluviale del Costa Rica con una funivia tipo skilift che attraversa la canopea tra piattaforme panoramiche. È possibile volare attraverso gli alberi anche con una zipline, un cavo d'acciaio sospeso tra due punti.

OSSERVARE LA CANOPEA

È difficile osservare questo strato dal basso e gli scienziati hanno dovuto sviluppare sofisticati metodi per studiarlo. Sono state costruite delle strutture per incoraggiare i turisti a visitare la foresta pluviale.

HABITAT

La canopea è l'habitat ideale per gli animali che ci vivono. L'interno è riparato dalle temperature estreme e dal tempo dello strato emergente, ma riceve più luce solare e pioggia degli strati inferiori. Inoltre, il cibo è abbondante: frutta, semi, fiori e piante.

PASSEGGIARE NELLA CANOPEA

È possibile osservare la canopea da piattaforme tra gli alberi collegate da ponti di corda e a cui si accede da scale in corda. Oggi molte passerelle, scale e piattaforme sono di acciaio.

GRU NELLA CANOPEA

Da queste enormi strutture d'acciaio realizzate con gru in disuso si può osservare la canopea a un altezza di 40-50 metri dal suolo. Sotto il braccio della gru c'è una cabina che gira, così da poter vedere più zone della canopea.

IN DIRIGIBILE

Gli studiosi utilizzano dirigibili sopra la canopea. Le cabine sono sospese sotto per poter passare tra gli alberi. I motori elettrici del dirigibile sono silenziosi e non disturbano gli animali. Possono perfino atterrare veloci sulle cime degli alberi per raccogliere dei campioni.

LA FOTOSINTESI

I miliardi di foglie nella canopea prendono la luce solare e l'anidride carbonica, e li convertono in cibo per gli alberi e anche in ossigeno. Questo processo si chiama fotosintesi e permette agli alberi di crescere e produrre il cibo che attira gli animali.

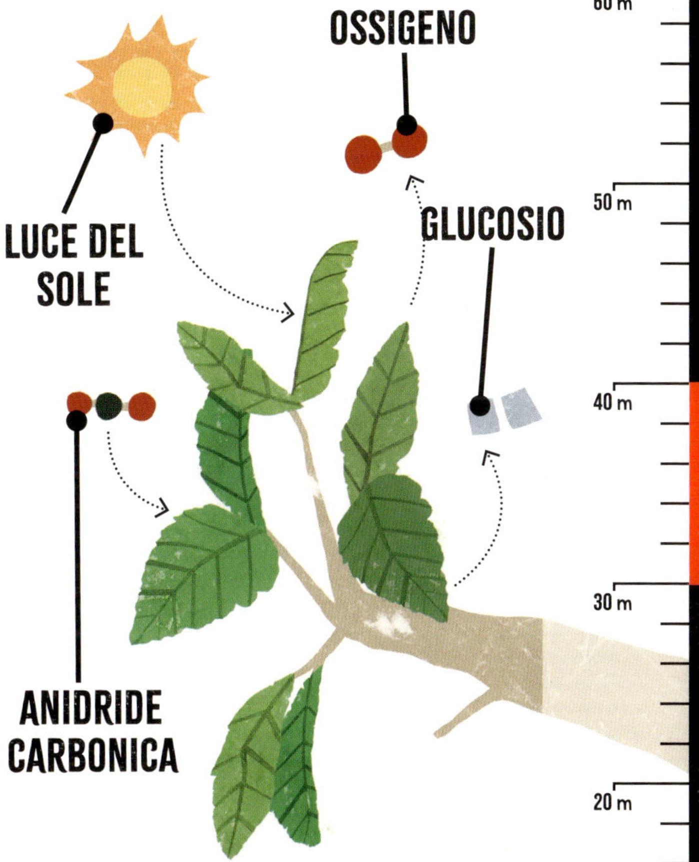

ALBERI E PIANTE

Gli alberi sempreverdi, alti e a foglia larga, costituiscono la maggior parte della vegetazione nella canopea. Delle spesse piante rampicanti chiamate liane si attaccano agli alberi e crescono verso la luce solare. Non tutte le piante della canopea hanno le radici nel terreno: molte sono epifite, o piante aeree, che crescono sui tronchi e sui rami degli alberi. Nella canopea ricevono più luce solare e acqua piovana di quanto ne riceverebbero al suolo. Tra le epifite si annoverano orchidee, bromeliacee, muschi e licheni.

1. SCIMMIA SCOIATTOLO
Lunghezza: 25–35 cm
(coda compresa)
Durata della vita: 15 anni
2. UACARI CALVO
Lunghezza: 36–57 cm
Durata della vita: 15–20 anni
3. FORMICA ARBORICOLA
Lunghezza: circa 12 mm
Possibilità di atterrare
sullo stesso albero: 85%
4. AGALYCHNIS SPURRELLI
Lunghezza: 48–72 mm
Durata della vita: 5,5 anni

DONDOLARE E PLANARE

A PRIMA VISTA, LA CANOPEA SEMBRA UNA DISTESA CONTINUA DI FOGLIE, MA GLI ALBERI IN QUESTO STRATO RARAMENTE SI TOCCANO E, DI SOLITO, SONO CIRCA A UN METRO DI DISTANZA PER PROTEGGERSI DALLE MALATTIE E DALLE INFESTAZIONI. GLI ANIMALI CHE VIVONO QUI DEVONO TROVARE UN MODO PER COPRIRE QUESTA DISTANZA ARRAMPICANDOSI, DONDOLANDO, SALTANDO E PLANANDO.

1. **SCIMMIA SCOIATTOLO** Queste piccole scimmie vivono in gruppi di 500 individui. Si muovono rapidamente attraverso la canopea e sono abbastanza leggere da arrampicarsi sulle estremità dei rami per raccogliere la frutta. Non usano la coda per arrampicarsi, ma per mantenere l'equilibrio.

2. **UAKARI CALVO** è una scimmia con una coda corta e si muove agilmente attraverso la canopea usando solo le zampe. Si nutre di frutta, noci, foglie e alcuni insetti, e può percorrere fino a 4,8 km al giorno.

3. **FORMICA ARBORICOLA** Questa formica che vive sugli alberi ha sviluppato la capacità di planare. In questo modo, se cade o viene buttata giù da un ramo, è in grado di orientarsi = per tornare sullo stesso albero. Per controllare la traiettoria di volo usa la testa larga e piatta, le zampe posteriori e l'addome come ali.

4. **AGALYCHNIS SPURRELLI** Questa raganella ha frange di pelle all'esterno degli arti e grandi zampe palmate. Allargandole mentre salta, il tessuto funge da paracadute e può planare per 15 metri o più tra i rami per sfuggire ai predatori.

5. **CEBO CAPPUCCINO** Quando si arrampicano attraverso la canopea, i cebi cappuccini si affidano alle potenti zampe posteriori, in modo da avere quelle anteriori libere per raccogliere o trasportare il cibo. Sono state viste anche camminare in verticale verso l'alto su dei tronchi.

6. **SCIMMIA RAGNO NERA** Questa scimmia ha zampe molto lunghe e una lunga coda (fino a 85 cm), e si arrampica con agilità. La coda è prensile, cioè in grado di afferrare i rami, e quindi è come una quinta zampa quando si arrampica o dondola tra gli alberi.

1. TUCANO
Lunghezza: 29–63 cm
(becco: 19 cm)
Durata della vita: 20–25 anni
2. PAPPAGALLO
Lunghezza: 25–100 cm
Durata della vita: 5–75 anni
3. TANGARA DEL BRASILE
Lunghezza: 13,5–15 cm
Peso: 17–23 g
4. GALBULA
Lunghezza: 15–50 cm
Peso: 17–75 g

UCCELLI TRA I RAMI

MOLTE SPECIE DI UCCELLI SONO ATTRATTE DALLA FORESTA PLUVIALE PERCHÉ IL CIBO È ABBONDANTE E POSSONO RIPARARSI DALLE INTEMPERIE. QUI GLI UCCELLI TENDONO A FARE FORTI RICHIAMI, COSÌ POSSONO COMUNICARE TRA LORO ATTRAVERSO IL FITTO FOGLIAME. ALCUNE SPECIE HANNO UN PIUMAGGIO COLORATO PER ATTIRARE I PROPRI SIMILI.

1 **TUCANO** Questa famiglia di uccelli è famosa per il suo enorme becco, che usa per strappare la frutta dagli alberi, ma anche per afferrare insetti, rane e altri piccoli animali. I tucani raramente si allontanano molto e si limitano a planare tra i rami con le loro corte ali.

2 **PAPPAGALLO** La foresta amazzonica ospita molte specie di pappagalli. Tutti hanno una postura eretta, piume colorate e un becco ricurvo. Usano i loro artigli lunghi e affilati, due rivolti in avanti e due indietro, per arrampicarsi e maneggiare il cibo.

3 **TANGARA DEL BRASILE** Questo colorato uccello canoro ha un piumaggio di sette tonalità distinte. Trascorre la maggior parte della sua vita nella parte superiore della canopea, talvolta si sposta più in basso per cercare frutta e insetti.

4 **GALBULA** Questi uccelli stanno appollaiati sui rami della canopea o vicino ai corsi d'acqua della foresta, a caccia di insetti, farfalle o libellule, che catturano a mezz'aria con i loro lunghi becchi affilati. Hanno un piumaggio brillante e spesso iridescente.

5 **QUETZAL SPLENDENTE** Questo bellissimo uccello ha il corpo verde e il petto rosso,e il maschio ha una coda molto lunga. Le sue piume sono lucide e verdi come le foglie della canopea, mimetizzandosi per sfuggire ai predatori; una cosa necessaria, perché non è un grande aviatore.

6 **COTINGA NATTERERII** Questo uccello grassoccio, simile a una colomba, si nutre principalmente di frutta. Il maschio è di un blu acceso, mentre la femmina marrone scuro. Spesso il maschio resta appollaiato immobile, in alto nella canopea, dove si mimetizza con il cielo sovrastante grazie al piumaggio brillante, rendendolo così invisibile ai predatori.

80 m · 70 m · 60 m · 50 m · 40 m · 30 m · 20 m · 10 m · 0 m · -10 m · -20 m · -30 m

1. CERCOLETTO
Lunghezza: 80–130 cm
(coda inclusa)
Durata della vita: 20 anni
2. SCIMMIA URLATRICE
Lunghezza: 56–92 cm
(coda esclusa)
Durata della vita: 15–20 anni
3. BRADIPO TRIDATTILO
Lunghezza: 50–75 cm
Durata della vita: 25–30 anni
4. MICROSCIURUS FLAVIVENTER
Lunghezza: 12–16 cm (coda esclusa)
Peso: 86–132 g

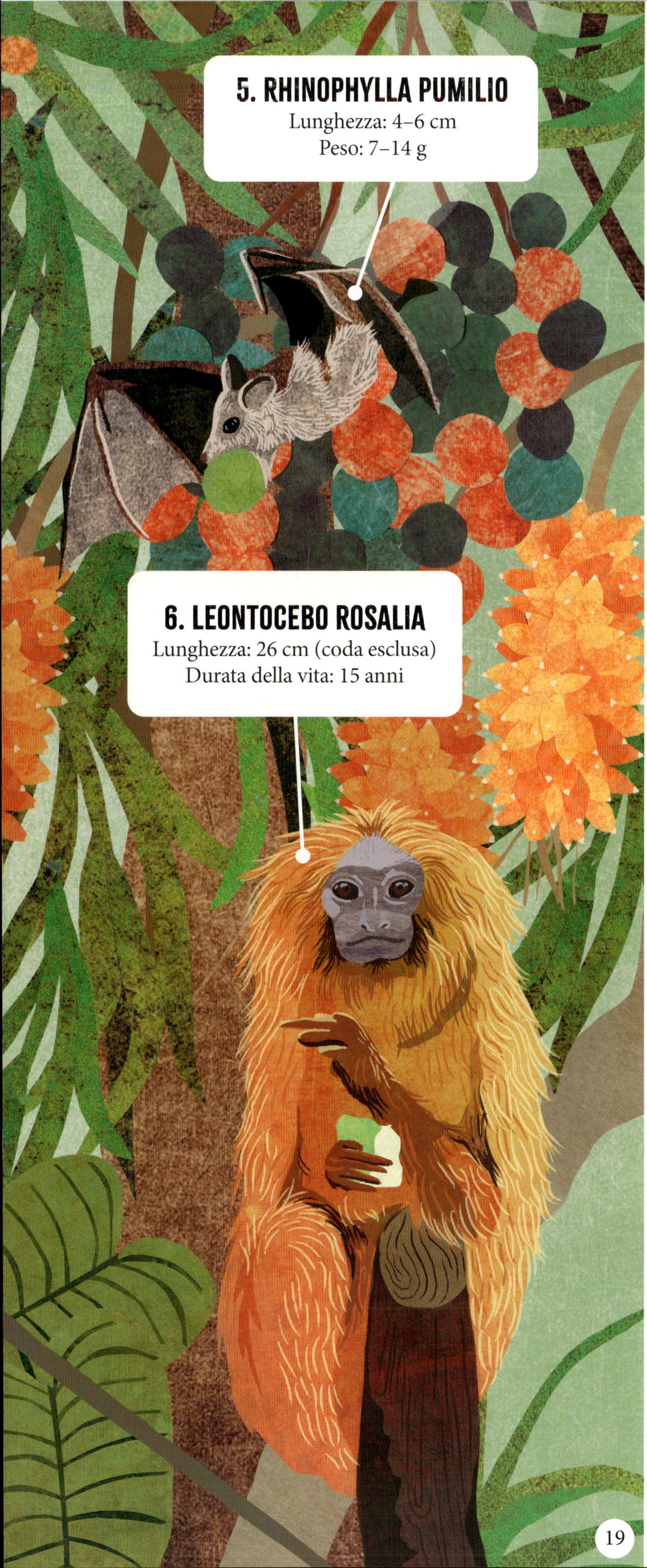

PROCACCIAMENTO DI FRUTTA E FIORI

LA CANOPEA OSPITA MOLTI MAMMIFERI CHE MANGIANO CIÒ CHE ALBERI E PIANTE PRODUCONO. ALCUNI, COME I BRADIPI E LE SCIMMIE URLATRICI, HANNO UN SISTEMA DIGESTIVO ADATTO ALLE FOGLIE. ALTRI, COME I PIPISTRELLI E I RODITORI, PREFERISCONO FRUTTA, BACCHE, FIORI E NETTARE.

1 **CERCOLETTO** È un mammifero imparentato con i procioni e si è ben adattato alla vita sugli alberi, grazie alla coda prensile e caviglie che possono ruotare di 180 gradi, così da potersi arrampicare sugli alberi a testa in giù. Si nutre di frutta e del nettare dei fiori, che raccoglie con la sua straordinaria lingua di 12 cm.

2 **SCIMMIA URLATRICE** Queste grandi scimmie sono ben note per i loro rumorosi ululati, che possono essere uditi fino a 5 km di distanza! Hanno un olfatto molto sviluppato e sono in grado di individuare frutta e noci fino a 2 km di distanza. Usano le lunghe code prensili per arrampicarsi e raccogliere la frutta.

3 **BRADIPO TRIDATTILO** Questa famiglia di mammiferi vive in alto nella canopea, appesa ai rami; hanno una forte presa grazie ai lunghi artigli ricurvi. Il movimento lento e il colore verdastro (dovuto alle alghe che crescono sulla loro pelliccia) li rendono difficili da individuare per i predatori.

4 **MICROSCIURUS FLAVIVENTER** Questi roditori trascorrono la loro vita sugli alberi, dove costruiscono anche i nidi. Hanno zampe lunghe, perfette per arrampicarsi su grandi alberi e saltare da un ramo all'altro. Si nutrono di frutta, noci, corteccia e insetti.

5 **RHINOPHYLLA PUMILIO** Questi minuscoli pipistrelli si nutrono di frutta e contribuiscono a disperdere i semi, che passano integri attraverso il loro sistema digestivo. Trascorrono le loro giornate dormendo in strutture simili a tende costruite con le foglie e cercano il cibo di notte, soprattutto al crepuscolo e prima dell'alba.

6 **LEONTOCEBO ROSALIA** Piccola scimmia dal pelo arancione brillante con una criniera da leone, si nutre di frutta nelle prime ore del mattino e di insetti nella tarda mattinata e nel pomeriggio. Usa i denti per estrarre le prede dalle fessure e dorme nelle cavità degli alberi, nelle piante rampicanti o epifite.

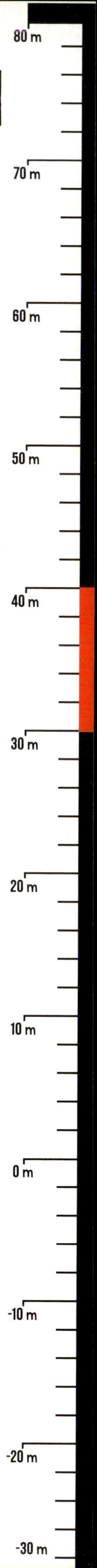

1. MARGAY
Lunghezza: 45–80 cm
(coda: 33-51 cm)
Durata della vita: fino a 18 anni
2. CROTALO CORNUTO DELLE PALME
Lunghezza 55- 82 cm
Durata della vita: 10 anni
3. GONATODES HUMERALIS
Lunghezza: 6 – 8 cm
Durata della vita: 10–20 anni
4. BOA CONSTRICTOR
Lunghezza: fino a 3,96 m
Durata della vita: circa 20 anni

CARNIVORI DELLA CANOPEA

I PREDATORI SI APPOSTANO TRA IL FOGLIAME DELLA CANOPEA DELLA FORESTA PLUVIALE. SI SONO ADATTATI A CACCIARE SOPRA IL SUOLO E SPESSO SONO PICCOLI, VELOCI E MOLTO AGILI MENTRE SI MUOVONO TRA I RAMI VERSO LE LORO PREDE.

1 **MARGAY** Questo piccolo gatto selvatico può trascorrere l'intera vita sugli alberi, a caccia di uccelli e scimmie nella canopea. È molto bravo ad arrampicarsi, può afferrare i rami con le zampe anteriori e posteriori, e saltare fino a 3,7 m. Le sue caviglie rotanti gli permettono di scendere a testa in giù da un albero..

2 **CROTALO CORNUTO DELLE PALME** Questo serpente molto velenoso trascorre la sua vita nella canopea, cacciando piccoli mammiferi e uccelli. A volte muove la coda come un verme per attirare le prede. Ha delle cavità termosensibili tra le narici e gli occhi per individuare le creature a sangue caldo.

3 **GONATODES HUMERALIS** Questa lucertola vive nella canopea, nutrendosi di scarafaggi, bruchi e formiche. Non caccia attivamente, ma aspetta che la preda si avvicini prima di prima di tirare fuori la sua lingua appiccicosa e afferrarla.

4 **BOA COSTRITTORE** È un grande serpente che vive sugli alberi. Ha una coda forte e prensile che gli permette di appendersi ai rami mentre cattura la preda, stritolandola fino alla morte
per poi mangiarla. I suoi colori gli permettono di mimetizzarsi e nascondersi dalla preda prima di colpire.

5 **COATO** I coati sono una famiglia di mammiferi imparentati con il procione. Vagano per la canopea in gruppi di 25 individui, alla ricerca di frutta, insetti, lucertole, roditori e piccoli uccelli. Comunicano con forti cinguettii, sbuffi e grugniti.

6 **RANA FRECCIA** Queste rane sono colorate per avvertire i predatori che sono tossiche. La rana dorata ha abbastanza veleno da uccidere 20 esseri umani adulti. Il veleno potrebbe derivare da veleni vegetali presenti nelle formiche, negli acari e nelle termiti di cui si nutre.

80 m
70 m
60 m
50 m
40 m
30 m
20 m
10 m
0 m
-10 m
-20 m
-30 m

1. FARFALLA MORPHO BLU
apertura alare: 13 – 20 cm
Durata della vita: 115 giorni

2. INSETTO ASSASSINO
Lunghezza: 4–40 mm
Durata della vita: 1–2 anni

3. MANTIDE
Lunghezza: 13 – 150 mm
Durata della vita: 1 anno

4. INSETTO FOGLIA
Lunghezza 10–60 mm
Durata della vita: 2–3 anni

INSETTI TRA GLI ALBERI

NELLA FORESTA AMAZZONICA VIVONO 25 MILIONI DI SPECIE STIMATE DI INSETTI E LA MAGGIOR PARTE SI TROVA NELLA CANOPEA. CIRCA 700 SPECIE DI COLEOTTERI SONO STATE INDIVIDUATE SU UN SOLO ALBERO! GLI INSETTI DELLA FORESTA PLUVIALE TROPICALE TENDONO A ESSERE PIÙ GRANDI E COLORATI RISPETTO A QUELLI CHE VIVONO IN ALTRI HABITAT.

1 **FARFALLA MORPHO BLU** Le sue ali blu accese possono spaventare gli altri animali quando brillano. Mentre è a riposo, la farfalla mostra la parte inferiore marrone opaco delle ali, camuffandola. Da bruco, rilascia un olio dall'odore sgradevole che dissuade i predatori.

2 **INSETTO ASSASSINO** Questa grande famiglia di insetti uccide le formiche e le succhia, poi attacca il cadavere al loro corpo per camuffare sia l'aspetto che l'odore. Sono insetti intelligenti e ricoprono anche le zampe con la linfa degli alberi, rendendole appiccicose, così da afferrare le api a mezz'aria.

3 **MANTIDE** Questi insetti possono girare la testa di 180° per vedere intorno a sé con i loro 5 occhi. Si mimetizzano bene grazie ai corpi verdi e marroni. Le zampe anteriori hanno delle spine e hanno riflessi velocissimi per afferrare le prede.

4 **INSETTO FOGLIA** Questi insetti si sono sviluppati per mimetizzarsi perfettamente nella canopea: sembrano proprio delle foglie. Inoltre, sono tutti leggermente diversi tra loro, per cui le scimmie che li cacciano devono guardare con molta attenzione le foglie per individuare l'insetto nascosto.

5 **APE DELLE ORCHIDEE** Queste api si riconoscono dal corpo colorato metallico. Sono attratte dal profumo delle orchidee che crescono nella canopea e molte specie di orchidee dipendono da queste api per l'impollinazione.

6 **FORMICA TAGLIAFOGLIE** Queste formiche mettono delle foglie nei loro nidi sotto terra e, quando si decompongono, un fungo cresce sopra di loro, di cui le formiche si nutrono. La colonia si divide i compiti: alcune formiche tagliano e trasportano le foglie, altre difendono il nido e coltivano il fungo.

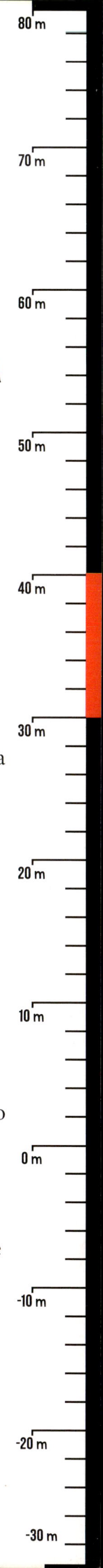

IL SOTTOBOSCO

Il sottobosco della foresta pluviale si trova sotto la canopea e sopra il suolo. È un posto caldo, umido e buio, in cui l'aria è immobile e gocce di pioggia filtrano costantemente dalla canopea. A causa della poca luce solare diretta, non si riscalda e non si raffredda in fretta come gli strati superiori, ed è sempre umido. È un ambiente adatto alle piante a foglia larga che amano l'ombra, alle felci, ai muschi e ai funghi. Le piante forniscono cibo e riparo agli animali che vivono qui.

UN MONDO DI INSETTI

Le condizioni calde e umide del sottobosco sono ideali per gli insetti. Lo scarabeo titano, uno dei più grandi coleotteri al mondo: può raggiungere fino ai 17 cm di lunghezza e si nutre di legno in decomposizione nel sottobosco.

VITA NELL'OMBRA

Le piante e gli alberi del sottobosco sono bassi a causa della mancanza di luce. Alcuni adorano l'ombra, mentre altri sono giovani alberi della canopea che restano bassi per decenni finché non appare un'apertura nella canopea sopra.

FIORI

Nella scarsa luce del sottobosco, piante come l'heliconia, lo zenzero e la passiflora attirano gli insetti e gli uccelli per l'impollinazione grazie ai loro fiori grandi o dai colori vivaci. Alcuni fiori usano il profumo, come l'orchidea profumata o l'aro titano, che emette un odore di carne putrida per attirare le mosche.

FUNGHI

Spesso i funghi e le muffe vivono sugli alberi del sottobosco. Non usano la luce per produrre il cibo, quindi sono perfetti per gli ambienti ombrosi.
I funghi crescono su qualsiasi materia vivente, sia umida che secca.

MUSCHIO

I muschi sono piccole piante senza fiori che formano uno folto tappeto verde. Prosperano nel sottobosco buio e umido.

LICHENI

I licheni sono il prodotto di due organismi diversi: l'alga e il fungo. I funghi raccolgono l'acqua e proteggono le alghe, mentre queste producono energia tramite la fotosintesi. I licheni sono duri e crescono nel sottobosco umido.

1. BANANO
Altezza: circa 5 m
Durata della vita: circa 6 anni
2. CACAO
Altezza: fino a 15 m
Durata della vita: 25 anni
3. ORCHIDEA
n° di specie conosciute: circa 25.000
Durata della vita: fino a 10 anni
4. LIANA
Altezza: fino a 100 m
Diametro: fino a 60 cm
5. HELICONIA
n° di specie conosciute: 200–250

PIANTE E ALBERI

LE PIANTE E GLI ALBERI DEL SOTTOBOSCO HANNO LE FOGLIE GRANDI PER RACCOGLIERE PICCOLE QUANTITÀ DI LUCE SOLARE E PIOGGIA CHE GOCCIOLA DALLA CANOPEA. LE EPIFITE SI ATTACCANO AGLI ALBERI E RICAVANO IL NUTRIMENTO DALL'ARIA. LE PIANTE RAMPICANTI SI SOSTENGONO A UN ALBERO PER CRESCERE VERSO LA CANOPEA.

1. **BANANO** Il banano si adatta bene al sottobosco: è piccolo e cresce in fretta grazie alle foglie grandi che assorbono la luce del sole e incanalano la pioggia e la rugiada verso le radici, che si estendono per 5,5 metri in tutte le direzioni per raccogliere i nutrienti dal terreno.

2. **CACAO** Il cacao prospera nel sottobosco, dove i suoi delicati semi sono protetti dal sole e dal vento. L'albero attira i suoi principali impollinatori, i moscerini, fornendo loro una casa: piccoli baccelli chiamati cherelle. I semi di cacao vengono tostati e macinati per fare il cioccolato.

3. **ORCHIDEA** Le orchidee producono degli altri steli che raccolgono l'acqua per superare i periodi di siccità. I fiori dai colori vivaci producono un forte profumo che attrae particolari specie impollinatrici, come le sfingidi e le api delle orchidee.

4. **LIANA** Queste piante rampicanti legnose si intrecciano intorno agli alberi per raggiungere la luce solare. Poiché non hanno bisogno di steli robusti, possono dedicare più energia alla crescita delle foglie.

5. **HELICONIA** Questa pianta si affida ai colibrì per l'impollinazione, i cui becchi hanno una forma perfetta per raccogliere il nettare dai fiori lunghi, ricurvi e tubolari della Heliconia. Tra le foglie e nei fiori vivono alcune specie di pipistrelli, insetti e rane.

6. **BROMELIACEE** Queste piante hanno foglie spesse, cerose e sovrapposte che formano un incavo per raccogliere l'acqua piovana, che ospita rane, salamandre, lumache, coleotteri e larve di zanzara. Quando queste creature muoiono, nutrono la pianta.

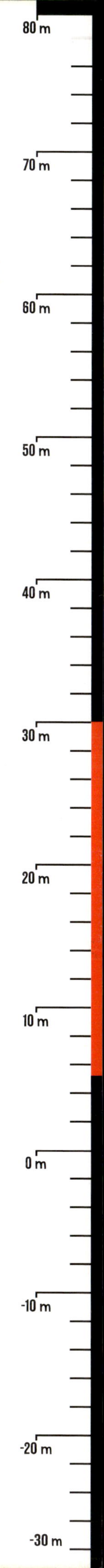

1. GIAGUARO
Lunghezza: 1,1–1,85 m
Durata della vita:
12–15 anni
2. UISTITÌ PIGMEO
Lunghezza: 12–15 cm
(coda esclusa)
Durata della vita: 12 anni
3. BOTHROPS BILINEATUS
Lunghezza: fino a 1 m
Durata della vita: 10–25 anni
4. AVERLA FORMICHIERA
Lunghezza: 8 – 45 cm
Peso: 7 – 150 g

ANIMALI

NEL SOTTOBOSCO VIVONO MOLTE SPECIE DI PIPISTRELLI, SCIMMIE, SERPENTI, LUCERTOLE, INSETTI E RANE. SI NASCONDONO NELLA PENOMBRA E MOLTI SI MIMETIZZANO BENE: PER ESEMPIO, IL SERPENTE LIANA MARRONE SEMBRA IL RAMO DI UN ALBERO E LA FARFALLA CIVETTA IMITA GLI OCCHI DI UNA CIVETTA PER TENERE ALLA LARGA I PREDATORI.

1. **GIAGUARO** Il giaguaro, superpredatore della parte inferiore della foresta pluviale, è un eccellente arrampicatore e nuotatore con potenti mascelle in grado di frantumare i crani delle sue prede. Può anche mimetizzarsi bene grazie al pelo ricoperto di rosette che sembrano foglie o puntini luminosi nella luce soffusa del sottobosco.

2. **UISTITÌ PIGMEO** La scimmia più piccola del mondo vive nel sottobosco e si nutre della gomma secreta dagli alberi. Può ruotare la testa di 180° per avvistare i predatori e ha unghie affilate, simili ad artigli, per aggrapparsi ai rami. Può saltare fino a 5 metri.

3. **BOTHROPS BILINEATUS** Questo serpente vive negli arbusti, nelle palme e negli alberi del sottobosco, vicino all'acqua e alle radure della foresta. Si tiene ai rami con la coda prensile e tende agguati alle prede come topi, uccelli, lucertole e rane.

4. **AVERLA FORMICHIERA** Questi uccelli nidificano nel sottobosco e si nutrono di insetti afferrandoli in aria o scendendo in picchiata per cercarli nel suolo della foresta. Alcuni formicai seguono gli sciami di formiche e catturano gli insetti che se ne allontanano.

5. **PIPISTRELLO PESCATORE** È un grande pipistrello che caccia di notte con l'ecolocalizzazione. Si nutre di insetti, ma grazie agli artigli affilati, afferra anche il cibo nei fiumi, che individua rilevando le increspature della superficie dell'acqua. Durante il giorno si appollaia nelle cavità degli alberi.

6. **RAGANELLA OCCHI ROSSI** Vivono sugli alberi del sottobosco, vicino a sorgenti d'acqua dove allevano i loro girini. Passano le giornate mimetizzandosi sotto le foglie, mentre di notte vanno a caccia di insetti, che catturano con la lunga lingua appiccicosa.

IL SUOLO DELLA FORESTA

Il suolo è lo strato più buio della foresta pluviale: riceve solo il 2% di luce solare. Data la scarsa luce, le piante crescono poco e la maggior parte di questo strato è composta da piccole piante, alberelli, foglie morte cadute dagli strati sopra e dalle radici degli alberi più grandi.

SPIRAGLI DI LUCE

Sebbene il suolo sia solitamente buio, ogni tanto un grande albero cade, aprendo uno "spiraglio di luce", che viene riempito in fretta da piante come lo zenzero, il banano, la balsa e il rattan. Non vivono molto e, con il tempo, vengono rimpiazzati da alberi dal legno duro più robusti che riempiono lo spiraglio nella canopea. Molte specie di alberi dipendono da questi spiragli per completare il ciclo vitale.

DECOMPOSIZIONE

La maggior parte della materia organica della foresta, piante, rifiuti animali e animali morti, finisce sul suolo, dove viene riciclata in fretta da termiti, funghi e batteri, che scompongono la materia in decomposizione e ne assorbono i nutrienti in modo talmente efficiente tanto che il suolo rimane povero.

SEMI E FRUTTI

I semi cadono dagli alberi sul suolo della foresta, dove vengono mangiati da roditori, uccelli e altri animali, che aiutano a disperderli con i loro escrementi.
È una parte essenziale del ciclo vitale degli alberi, che rendono i semi più allettanti racchiudendoli in frutti dolci. Spesso i semi sono tossici o disgustosi, così gli animali mangiano la frutta e scartano i semi.

SISTEMI DI RADICI

I primi 15-20 cm del suolo della foresta pluviale sono ricchi di nutrienti derivati dalla materia organica in decomposizione. Al di sotto, il suolo tende a esserne povero. Ecco perché le radici degli alberi devono essere poco profonde e allungarsi orizzontalmente per raccogliere il maggior numero di nutrienti possibili. Molte radici crescono fuori dal terreno, formando una rete che attraversa il suolo della foresta.

2. PECARI DALLE LABBRA BIANCHE
Lunghezza: 90-130 cm
Durata della vita: 10–24 anni
3. PACA
Lunghezza: 60–80 cm
(coda esclusa)
Durata della vita: 13 anni
1. MYOPROCTA PRATTI
Lunghezza: 30–39 cm
(coda esclusa)
Durata della vita: 10 anni
4. TAPIRO SUDAMERICANO
Lunghezza: 2 m
Durata della vita: 25–30 anni

ERBIVORI

LA MAGGIOR PARTE DELLE PIANTE COMMESTIBILI DELLA FORESTA PLUVIALE SI TROVA NELLA CANOPEA, QUINDI GLI ERBIVORI CHE VIVONO SUL SUOLO SI NUTRONO DI FRUTTI CADUTI, SEMI, FOGLIE E FIORI. ECCO PERCHÉ GLI ERBIVORI DELLA FORESTA TENDONO A ESSERE PIÙ PICCOLI DI QUELLI CHE VIVONO NELLE PRATERIE. QUI VIVONO RODITORI GRANDI COME GATTI, PER ESEMPIO AUGUTI, ACOUCHI E PACA.

1. **MYOPROCTA PRATTI** Questi roditori hanno zampe lunghe e sottili con tre artigli simili a zoccoli sulle zampe posteriori. Si nutrono di noci e semi, che seppelliscono nel suolo della foresta per mangiarli in seguito. Quando sono allarmati, emettono fischi simili a quelli degli uccelli e fuggono facendo lunghi salti con entrambe le zampe posteriori.

2. **PECARI DALLE LABBRA BIANCHE** Questi animali simili ai maiali vivono in branchi. Hanno mascelle e zanne adatte a tagliare le radici delle piante e schiacciare i semi. Hanno delle ghiandole che emettono forti odori per identificarsi con gli altri membri del branco e delimitare il territorio.

3. **PACA** Sono roditori che vivono in tane profonde fino a 3 m, di solito con due entrate nel caso debbano fuggire dai predatori. Tendono a vivere vicino all'acqua e si tuffano e nuotano quando si sentono minacciati. Si nutrono di frutti caduti, semi, foglie e radici.

4. **TAPIRO SUDAMERICANO** Questi animali simili ai maiali hanno il muso flessibile che possono muovere in tutte le direzioni, consentendo loro di afferrare le piante difficili da raggiungere. Sono attivi di sera e di notte, e si nutrono di frutta, bacche e foglie giovani.

5. **AGUTI GRIGIO** Questi roditori senza coda sono imparentati con i porcellini d'India. Di notte dormono in tane e durante il giorno si nutrono di frutti caduti, foglie, radici e, ogni tanto, di uova di uccelli che nidificano sul suolo. Spesso accumulano il cibo seppellendolo.

6. **TESTUGGINE DALLE ZAMPE GIALLE** È un rettile che vive nell'ambiente umido e poco luminoso del suolo della foresta. È attivo durante il giorno e si nutre di frutti caduti, foglie, piante rampicanti, radici, cortecce e funghi, oltre ad animali morti o lenti.

1. FORMICHIERE GIGANTE
Lunghezza: 182- 217 cm
(coda esclusa)
Durata della vita: 14–16 anni
2. ARMADILLO GIGANTE
Lunghezza: 83–96 cm (coda esclusa)
Durata della vita: 12–15 anni
3. RAGNO VAGABONDO DEL BRASILE
Lunghezza: 15 cm
Durata della vita: 1–2 anni
4. CENTOPIEDI AMAZZONICO GIGANTE
Lunghezza: fino a 30 cm
Durata della vita:
circa 10 anni

PREDATORI

GRAN PARTE DELLA VITA DELLA FORESTA PLUVIALE SI TROVA NELLA CANOPEA, COSÌ LA MAGGIOR PARTE DEI PREDATORI SI È ADATTATA A VIVERE TRA GLI ALBERI. TUTTAVIA, ALCUNI PREDATORI SI SONO SPECIALIZZATI NEL CACCIARE SUL SUOLO, COME SERPENTI, RAGNI, INSETTI E ALCUNI MAMMIFERI.

1. **FORMICHIERE GIGANTE** Come suggerisce il nome, questo mammifero si nutre di formiche e termiti, scavando nei loro nidi con gli artigli anteriori ed estraendoli con la lingua lunga e appiccicosa. Ha una vista scarsa, ma un potente olfatto.

2. **ARMADILLO GIGANTE** È un mammifero ricoperto da un'armatura fatta di placche ossee. Durante il giorno vive in tane sotto il suolo della foresta e di notte è attivo. Usa i grandi artigli anteriori per scavare i nidi della sua principale fonte di cibo: le termiti.

3. **RAGNO VAGABONDO DEL BRASILE** Questi ragni grandi e pelosi non costruiscono nidi, ma vagano di notte per la foresta a caccia di prede. Si nutrono di insetti, altri ragni e talvolta di piccoli rettili e topi, uccidendoli in un'imboscata o con un attacco diretto.

4. **CENTOPIEDI AMAZZONICO GIGANTE** Questo grande e aggressivo centopiedi si nutre di qualsiasi animale può catturare e uccidere, compresi insetti, ragni, lucertole, rane, serpenti, uccelli, topi e pipistrelli. Cattura la preda con artigli affilati, simili a tenaglie, nella testa e iniettando il veleno.

5. **SERPENTE CORALLO** Il serpente corallo è uno dei serpenti più colorati e letali della foresta pluviale. I colori vivaci mettono in guardia i potenziali predatori. È anche in grado di scavare in fretta nel terreno se minacciato. Si nutre di mammiferi, uccelli, lucertole e rane.

6. **FORMICA LEGIONARIA** Le formiche legionarie si muovono lungo il suolo della foresta in sciami fino a 200.000 individui. Questi sciami possono essere larghi più di 20 m e lunghi fino a 200 m, e possono consumare circa 500.000 prede al giorno, tra cui insetti, ragni e altri piccoli animali.

VITA IN UN FIUME AMAZZONICO

Nelle foreste pluviali tropicali si trovano alcuni dei più grandi fiumi del mondo, alimentati da migliaia di affluenti e corsi d'acqua.
Il Rio delle Amazzoni, per esempio, ha 1.100 affluenti, di cui 17 superano i 1.600 km di lunghezza. I fiumi tropicali tendono a serpeggiare lenti attraverso il terreno piatto della foresta.
Il Rio delle Amazzoni scende a una velocità di soli 2,8 cm per km.

ACQUA BASSA

Quando arriva la stagione secca, le acque si ritirano, lasciando le isole nel fiume e insenature e corsi d'acqua prosciugati. I pesci intrappolati nei laghi della foresta o nelle secche dei fiumi sono facili bersagli di predatori come l'arapaima e l'anaconda. Alcuni pesci si sono adattati a queste condizioni sviluppando organi simili ai polmoni per respirare aria.

ACQUA ALTA

In alcuni periodi dell'anno, gli affluenti portano grandi quantità di acqua di disgelo dalle cime innevate, causando l'innalzamento del livello dell'acqua del fiume di diversi metri, allagando la foresta. In questo periodo, ci sono molti pesci che nuotano nella foresta e mangiano i frutti e i semi caduti. Molte specie di alberi dipendono da questi allaga menti per la dispersione dei semi.

ACQUE BIANCHE E ACQUE NERE

I fiumi della foresta pluviale possono essere di acque bianche o acque nere. In realtà, i fiumi di acque bianche sono di un marrone fangoso, a causa dei sedimenti provenienti dalla foresta circostante. I fiumi di acque nere sono di colore scuro a causa della vegetazione in decomposizione e sono abitati da pesci come pesci disco, pesci angelo, arowana e pesci cardinale.

PRATI GALLEGGIANTI

Per alcune piante, l'acqua alta è un problema, mentre altre si sono adattate, galleggiando sulla superficie e traendo le sostanze nutritive dalla materia organica nel fiume. Queste piante possono formare grandi prati galleggianti, che ospitano una ricca diversità di vita, tra cui insetti, molluschi, vermi, ragni, granchi e mammiferi come capibara e lamantini.

FANGO CREPATO
FORESTA PLUVIALE ALLAGATA
ACQUE NERE
ACQUE BIANCHE
80 m
70 m
60 m
50 m
40 m
30 m
20 m
10 m
0 m
-10 m
-20 m
-30 m

1. LONTRA GIGANTE
Lunghezza: 1–1,7 m
Durata della vita: fino a 12 anni
2. BUFALO D'ACQUA
Lunghezza: 2,6 m
Durata della vita: fino a 25 anni
3. LAMANTINO DELLE AMAZZONI
Lunghezza: 2,8 m
Durata della vita: 30 anni

MAMMIFERI DI FIUME

NELLA FORESTA PLUVIALE AMAZZONICA VIVONO CIRCA 420 SPECIE DI MAMMIFERI, MOLTE DELLE QUALI SI SONO ADATTATE ALLA VITA NEL FIUME E NEI SUOI AFFLUENTI, E NEI LORO DINTORNI, TRA CUI MAMMIFERI ACQUATICI, COME IL DELFINO ROSA, E NUOTATORI CHE VIVONO SULLA TERRAFERMA, COME IL CAPIBARA.

1 **LONTRA GIGANTE** La grande lontra si è ben adattata alla vita acquatica, con una pelliccia folta, una coda e zampe palmate. Si nutre principalmente di pesci, ma anche di granchi, tartarughe, serpenti e piccoli caimani. È un animale molto rumoroso, che abbaia o sbuffa per spaventare gli intrusi o dare l'allarme.

2 **BUFALO ACQUATICO** Questo bufalo è stato inserito nel bacino del Rio delle Amazzoni nel 1895, dove ha prosperato. Si nutre di piante acquatiche, soprattutto di canne e, quando il fiume straripa, continua a brucare sott'acqua, alzando la testa solo per respirare.

3 **LAMANTINO DELLE AMAZZONI** Sono enormi mammiferi con le zampe anteriori a forma di pagaia per nuotare e un muso simile a quello di un ippopotamo. Si nutrono di piante acquatiche, mangiandone al giorno fino all'8% del loro peso corporeo. Nella stagione secca, quando c'è meno cibo, vivono delle loro riserve di grasso.

4 **YAPOK** È un marsupiale che vive in tane sulle sponde del fiume, da cui esce al tramonto per cacciare pesci, granchi e altri piccoli animali del fiume. Il pelo corto e folto respinge l'acqua, mentre le zampe posteriori palmate e la lunga coda gli permettono di spingersi nell'acqua.

5 **CAPIBARA** I capibara vivono in gruppi da 10 a 30, in prossimità di laghi, fiumi, paludi e ruscelli. Sono eccellenti nuotatori grazie alle dita delle zampe palmate e possono trattenere il respiro sott'acqua fino a 5 minuti per evitare i predatori.

6 **DELFINO ROSA** Mammiferi che vivono in piccoli gruppi di 2-4 individui nei fiumi impetuosi dell'Amazzonia. Sono attivi di giorno e si nutrono di pesci, tartarughe, granchi e conchiglie. I maschi trasportano con la bocca rami d'albero per attirare le femmine.

1. CAIMANO DAGLI OCCHIALI
Lunghezza: 1,4–2,5 m
Peso: 7-40 kg
3. IGUANA VERDE
Lunghezza: circa 1,5 m
(coda inclusa)
Durata della vita: 20 anni
2. BASILISCO PIUMATO
Lunghezza: 76 cm
(coda esclusa)
Durata della vita: 7 anni
5. ANACONDA VERDE
Lunghezza: fino a 5 m
Durata della vita: 10 anni
4. TARTARUGA ARRAU
Lunghezza: 40–71 cm
Durata della vita: 20 anni

RETTILI DI FIUME

NEL BACINO DELL'AMAZZONIA CI SONO PIÙ DI 450 SPECIE DI RETTILI, MOLTE DELLE QUALI VIVONO DENTRO O INTORNO AI FIUMI, CORSI D'ACQUA E INSENATURE, TRA CUI PREDATORI, COME L'ANACONDA, E CREATURE PRINCIPALMENTE ERBIVORE, COME L'IGUANA VERDE.

1. **CAIMANO DAGLI OCCHIALI** È un parente del coccodrillo e vive nelle zone umide e nei fiumi della bassa Amazzonia. Caccia di notte, nutrendosi di lumache, granchi, pesci e mammiferi. Il suo nome deriva da un rilievo osseo tra gli occhi, che ricorda degli occhiali.

2. **BASILISCO PIUMATO** Questa lucertola vive vicino a fiumi e corsi d'acqua, e ha sviluppato la capacità di correre nell'acqua per sfuggire ai predatori. I giovani basilischi possono correre per 10-20 m prima di affondare. Gli adulti sono più pesanti e affondano più rapidamente. Infine, fugge nuotando.

3. **IGUANA VERDE** Questi rettili sono attivi durante il giorno, nutrendosi di foglie e frutta. Vivono vicino all'acqua e, per sfuggire ai predatori, saltano nel fiume da un ramo, spesso a una grande altezza, e nuotano per mettersi in salvo.

4. **TARTARUGA ARRAU** Questa tartaruga di fiume si nutre principalmente di frutta, semi, foglie e alghe, ma anche di spugne, uova e carcasse di animali. Depone le uova in un nido sulla spiaggia durante la stagione secca. Le uova si schiudono quando le acque iniziano a salire.

5. **ANACONDA VERDE** Il serpente più pesante del mondo vive nelle paludi e nei corsi d'acqua che scorrono lenti dell'Amazzonia. Grazie a colori mimetici e a occhi e narici sulla sommità della testa, può appostarsi sott'acqua senza essere visto prima di tendere un'imboscata alla preda e soffocarla tra le sue spire.

6. **COCCODRILLO DELL'ORINOCO** È un superpredatore che si trova nel fiume Orinoco e nei suoi affluenti. Si nutre di pesci, ma anche di uccelli, mammiferi e rettili, tra cui talvolta il caimano. Il muso stretto riduce la resistenza all'acqua quando cattura le prede nel fiume.

1. ARAPAIMA
Lunghezza: 2 m
Durata della vita: 40 anni
2. TAMBAQUI
Lunghezza: 2 m
Durata della vita: 40 anni
3. ANGUILLA ELETTRICA
Lunghezza: 2 m
Carica elettrica: fino a 600 V
4. LEPIDOSIRENA
Lunghezza: 125 cm
Durata della vita: 8 anni

PESCI

NEL RIO DELLE AMAZZONI E NEI SUOI AFFLUENTI VIVONO PIÙ DI 3.000 SPECIE DI PESCI. MOLTE SI NUTRONO DI ALGHE E ALTRE PIANTE. CIRCA 200 SPECIE MANGIANO FRUTTI E SEMI, A SECONDA DI COSA PRODUCONO GLI ALBERI SULLA RIVA. ALTRI, COME PIRANHA, ARAPAIMA E ANGUILLE ELETTRICHE, SONO PREDATORI CARNIVORI.

1 **ARAPAIMA** L'arapaima è un predatore d'acqua dolce tra i più grandi del mondo. Sebbene si nutra principalmente di altri pesci, può balzare fuori dall'acqua per afferrare lucertole, uccelli e piccoli mammiferi da rami bassi. Deve riemergere ogni 10-20 minuti per respirare.

2 **TAMBAQUI** Questo grande pesce aiuta a disperdere i semi: mangia i semi che cadono dagli alberi nella foresta pluviale, che passano attraverso il suo corpo, vengono espulsi e germogliano altrove. Durante la stagione secca, si sposta nelle zone più profonde del fiume.

3 **ANGUILLA ELETTRICA** Vive sui fondali fangosi dei fiumi poco profondi e ha degli organi nell'addome che creano una potente corrente elettrica, che usa per individuare, stordire o paralizzare le sue vittime.

4 **LEPIDOSIRENA** Sono pesci simili ad anguille che respirano aria, vivono nelle paludi e nelle acque lente e poco profonde dell'Amazzonia e di altri Paesi del Sud dell'America. Sopravvivono alla stagione secca nel loro habitat scavando nel fango e vivendo in letargo (uno stato di torpore simile al sonno) finché l'acqua non torna.

5 **PIRANHA ROSSO** I piranha hanno grandi denti affilati e uno dei morsi più forti tra i pesci. Vivono in branchi e si nutrono principalmente di squali, ma anche di piccoli mammiferi, uccelli e rettili. Nonostante la loro fama di predatori, si nutrono anche di frutta, semi e foglie.

6 **PESCE CARDINALE** Questo pesce vive nelle acque nere del Rio Negro, un affluente del Rio delle Amazzoni. La sua colorazione brillante e iridescente gli permette di individuare altri suoi simili nelle acque scure. Si nutre delle minuscole larve di insetto nascoste tra le piante sott'acqua.

POPOLAZIONI DELLA FORESTA PLUVIALE

Nelle foreste pluviali del mondo vivono circa 50 milioni di persone appartenenti a popoli tribali. In passato, la foresta forniva loro cibo, riparo e medicine. Oggi poche popolazioni conducono uno stile di vita del tutto tradizionale. Mentre cacciano e raccolgono cibo nella foresta, molti coltivano anche e vendono cibo e merce nei mercati di città e villaggi. Tuttavia, preservano una vasta conoscenza della foresta, compreso l'uso di piante medicinali per curare le malattie.

POPOLAZIONE YANOMAMI

La popolazione Yanomami dell'America del Sud vive in una grande casa comune a forma di ciambella chiamata Yano, fatta di piante rampicanti e con il tetto di foglie di palma. Il cortile centrale viene usato per danze e cerimonie. Le celebrazioni durano anche diversi giorni! Non ci sono capi e ritengono che tutti siano uguali. Oggi, sono prevalentemente agricoltori, ma continuano a cacciare e a raccogliere cibo nella foresta.

QUESTA MAPPA MOSTRA LE AREE DELLA FORESTA PLUVIALE NEL MONDO

POPOLAZIONE ACHUAR

Gli Achuar vivono nella foresta pluviale dell'Amazzonia da migliaia di anni. Le donne raccolgono il cibo nella foresta, coltivano orti e pescano con dei cestini. Gli uomini cacciano e realizzano gli strumenti per cacciare, come cerbottane e trappole. Nella cultura Achuar i sogni sono molto importanti, perché questo popolo crede che prevedano il futuro.

POPOLAZIONE MBUTI

I Mbuti della foresta pluviale del bacino del fiume Congo sono nomadi e si spostano da un posto all'altro. In ogni nuovo insediamento ripuliscono il sottobosco, ma lasciano intatta la canopea per l'ombra. Gli uomini si arrampicano per più di 30 m sugli alberi per prendere il miele dagli alveari. Cacciano con arco e frecce, reti e lance.

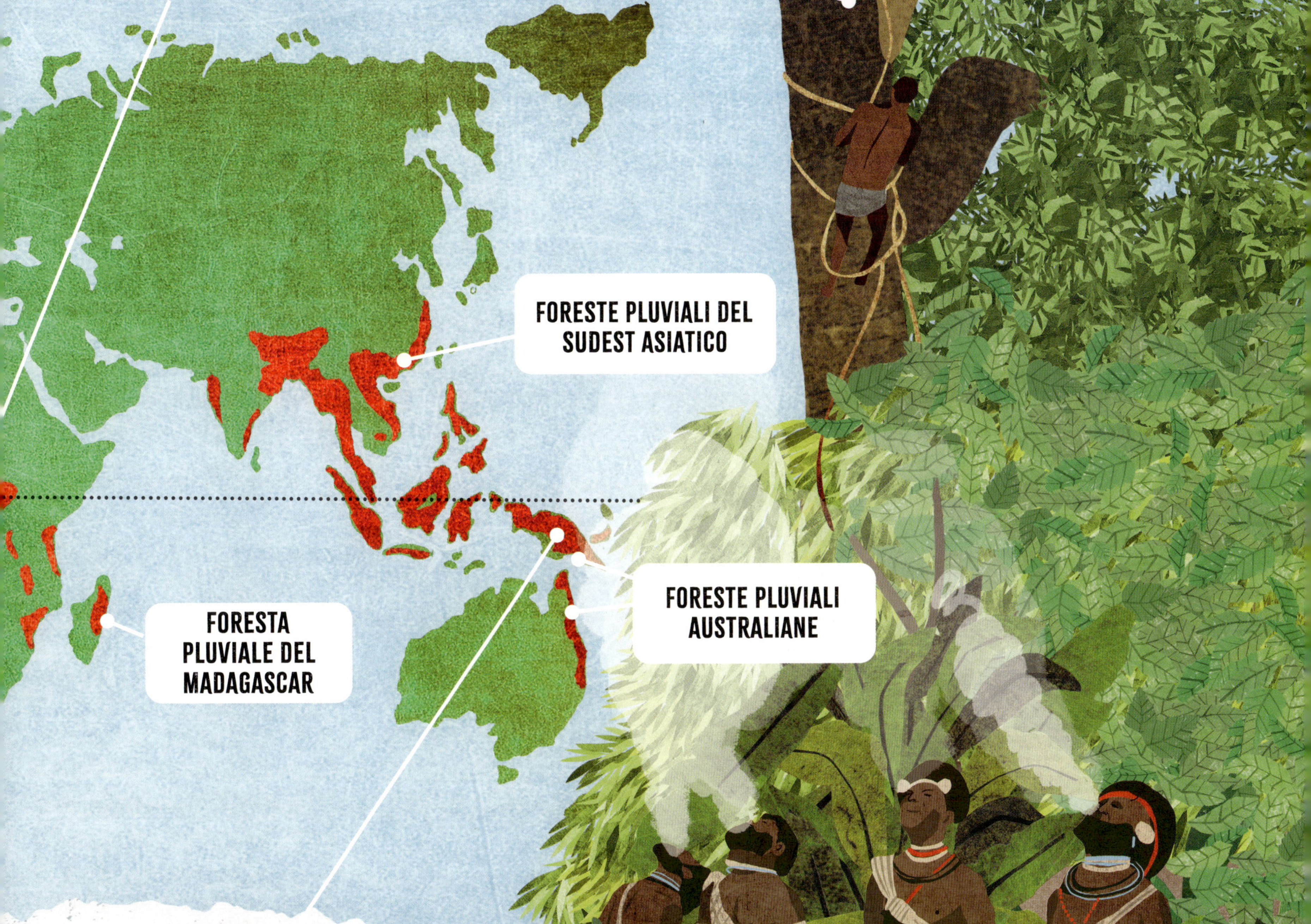

POPOLAZIONE HULI

Gli Huli vivono nelle foreste pluviali della Papua Nuova Guinea. Sono cacciatori, raccoglitori e contadini, e vivono in capanne rotonde fatte di erba. Da sempre, gli uomini e le donne vivono in capanne separate. Hanno molte celebrazioni, chiamate sing-sing, in cui gli uomini indossano copricapi elaborati e si ricoprono di argilla gialla e rossa.

DISBOSCAMENTO

Le foreste pluviali del mondo sono gravemente minacciate dalla deforestazione. Gli alberi sono abbattuti le aziende di legname per approvvigionarsi di legna. Le centrali elettriche abbattono e bruciano gli alberi per generare elettricità. I produttori di carta trasformano il legname proveniente dalla foresta pluviale in pasta di legno per i prodotti cartacei. Altri alberi vengono abbattuti per costruire strade, così che i camion possano trasportare gli alberi abbattuti dove necessario.

DISBOSCAMENTO ILLEGALE

Le aziende di legname devono ottenere dei permessi dai governi per poter abbattere gli alberi ma, una volta che hanno costruito strade nelle foreste, i taglialegna illegali possono facilmente seguirle e abbattere altri alberi. L'80% del legname del Perù proviene da disboscamento illegale.

DISBOSCAMENTO COMMERCIALE

Il disboscamento da parte di aziende internazionali di legname è la causa principale della deforestazione delle foreste pluviali. Gli alberi dal legno duro che crescono ai tropici sono particolarmente preziosi per fabbricare prodotti come i mobili, ma si tratta di alberi a crescita lenta e possono impiegare molti anni per ripopolare la zona.

DISBOSCAMENTO SELETTIVO

Alcune aziende di legname praticano il disboscamento selettivo per sgombrare un'intera parte di foresta: abbattono solo alcuni alberi, lasciando gli altri. Si tratta di una forma di disboscamento più sostenibile, ma ha alcuni impatti negativi: per esempio, vengono costruite più strade, perché gli alberi selezionati non crescono tutti nello stesso posto.

STRADE

Le strade tagliano in due la foresta pluviale, consentendo l'accesso ad aree remote a taglialegna, coltivatori e minatori. Circa il 95% della deforestazione della foresta amazzonica brasiliana avviene nel raggio di 5 km di una strada o di un fiume. La rete si espande in continuazione e molte strade sono illegali, allontanandosi da quelle ufficiali.

A CHE SERVE?

Il legname proveniente dagli alberi della foresta pluviale viene utilizzato per tante cose, inclusi mobili, pavimenti, infissi per barche, mobili da giardino, porte, telai di finestre, bare, ciotole di legno, utensili da cucina e perfino tavolette del wc.

BIOCARBURANTI

Spesso le piante note come colture per biocarburanti sono coltivate come fonte di carburante per le automobili. Tra queste piante ci sono la canna da zucchero, l'olio di palma e la soia. Vengono convertite in carburanti come l'etanolo e il biodiesel, un'alternativa ecologica ai combustibili fossili, ma che porta a una massiccia deforestazione. Ogni anno, 325.000 ettari (803.092 acri) di foresta pluviale brasiliana vengono disboscati per coltivare la soia.

AGRICOLTURA

Ogni anno, migliaia di chilometri quadrati di foresta pluviale vengono ripuliti per l'allevamento e l'agricoltura. Una piccola parte di questi alberi è abbattuta da poveri agricoltori che sgomberano aree di foresta per coltivare e mantenere le famiglie. Molti più alberi vengono abbattuti dalle grandi aziende agricole, che costruiscono delle gigantesche aziende dove un tempo c'era la foresta per coltivazioni come la soia. Le conseguenze sono perdita degli habitat, distruzione del ciclo dell'acqua e maggiore erosione del suolo.

ABBATTERE E BRUCIARE

Gli agricoltori convertono le foreste in terreni agricoli utilizzando il metodo "abbattere e bruciare" aree di foresta. Poiché il suolo della foresta pluviale è povero di nutrienti, dopo soli due o tre anni non è più fertile, gli agricoltori devono spostarsi in un nuovo e il processo ricomincia. A volte gli incendi sfuggono al controllo e bruciano vaste aree di foresta pluviale.

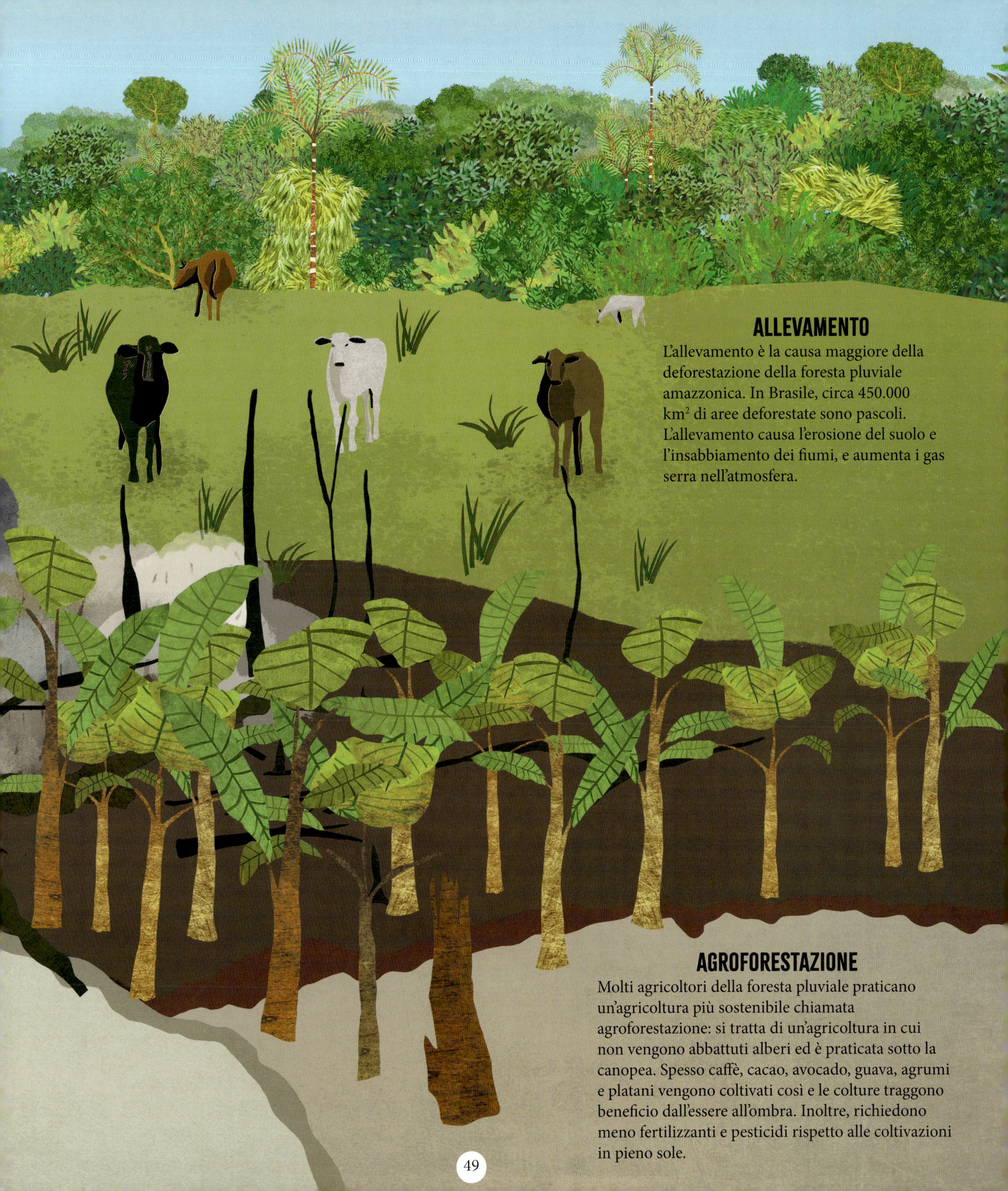

ALLEVAMENTO

L'allevamento è la causa maggiore della deforestazione della foresta pluviale amazzonica. In Brasile, circa 450.000 km^2 di aree deforestate sono pascoli. L'allevamento causa l'erosione del suolo e l'insabbiamento dei fiumi, e aumenta i gas serra nell'atmosfera.

AGROFORESTAZIONE

Molti agricoltori della foresta pluviale praticano un'agricoltura più sostenibile chiamata agroforestazione: si tratta di un'agricoltura in cui non vengono abbattuti alberi ed è praticata sotto la canopea. Spesso caffè, cacao, avocado, guava, agrumi e platani vengono coltivati così e le colture traggono beneficio dall'essere all'ombra. Inoltre, richiedono meno fertilizzanti e pesticidi rispetto alle coltivazioni in pieno sole.

ESTRAZIONE MINERARIA ED ENERGIA

Il bacino dell'Amazzonia è ricco di metalli preziosi, inclusi minerali ferrosi, rame, stagno, alluminio, manganese, bauxite, nichel e oro. Aree di foresta vengono abbattute per estrarre queste risorse. Le centrali di energia idroelettrica costruite nel bacino dell'Amazzonia hanno causato l'allagamento della foresta pluviale per creare bacini idrici e dighe.

ENERGIA IDROELETTRICA

Le dighe idroelettriche costruite sui fiumi dell'Amazzonia producono energia per le estrazioni minerarie, ma anche per le città e i villaggi. L'energia idroelettrica può essere una forma di energia rinnovabile, ma le dighe hanno un impatto ambientale significativo: ostacolano la migrazione dei pesci, bloccano il passaggio di sedimenti e nutrienti organici e causano l'abbassamento del livello dell'acqua, inaridendo le zone umide e minacciando la fauna selvatica del fiume e i mezzi di sussistenza delle comunità di pescatori.

ALLAGAMENTO

Spesso le dighe idroelettriche richiedono l'allagamento di vaste aree di foresta, che può causare lo spostamento delle popolazioni native e l'emissione di metano, un gas serra, da parte della vegetazione emersa.

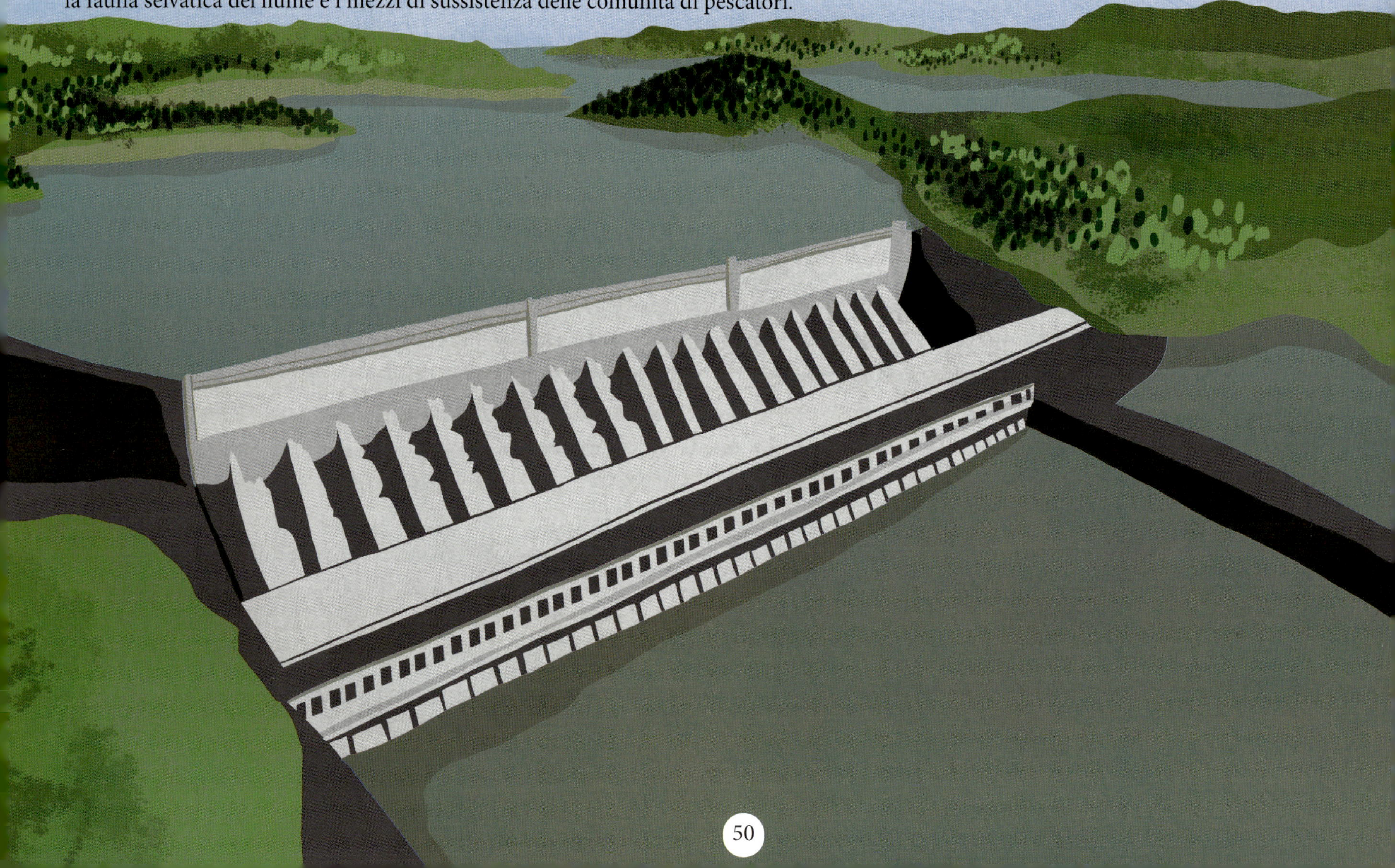

ALLA RICERCA DEL METALLO

Le società minerarie ripuliscono un'area della foresta, poi scavano un solco profondo con bulldozer ed escavatrici per poter estrarre i minerali metallici. Costruiscono anche alloggi per i lavoratori e strade per trasportare i metalli, contribuendo all'impatto sulla foresta. Per le estrazioni minerarie, tra il 2005 e il 2015 sono stati deforestati 11.670 km^2 di foresta pluviale brasiliana.

INQUINAMENTO

Ci sono più di 450 siti illegali di estrazione dell'oro nell'Amazzonia brasiliana. I minatori usano degli esplosivi sulle rive dei fiumi. Utilizzano il mercurio, un metallo liquido velenoso, per separare l'oro dal limo. Il mercurio penetra nel suolo e nel fiume, e poi nella catena alimentare, mettendo in pericolo la salute della popolazione indigena locale.

COMPRA RESPONSABILMENTE

Quando fai la spesa con i tuoi genitori o un adulto, compra alimenti provenienti da fonti sostenibili, come le noci del Brasile e gli anacardi, perché possono essere raccolti solo in una foresta pluviale sana. Controlla gli ingredienti dei tuoi acquisti ed evita l'olio di palma, un prodotto che contribuisce alla deforestazione. Evita qualsiasi prodotto realizzato con legni duri tropicali, come il mogano, il palissandro o l'ebano.

COSA POSSIAMO FARE AL RIGUARDO?

Le foreste pluviali del mondo sono in grave pericolo. La buona notizia è che ci sono molte organizzazioni che cercano di salvarle, ma hanno bisogno del tuo aiuto. Tutti noi possiamo fare la nostra parte per salvare le foreste pluviali e i loro abitanti agendo adesso, e facendo sentire la nostra voce.

AIUTA GLI UCCELLI A MIGRARE

Ogni inverno, molti degli uccelli che vediamo nei nostri giardini e sulle finestre migrano verso la foresta pluviale. Perché non crei una mangiatoia o una casetta per uccelli? Fissa un sottovaso per piante a un grande vaso capovolto per creare una vaschetta per uccelli. Pianta biancospino, caprifoglio, agrifoglio, edera, cotognastro o girasoli: sono piante che forniscono bacche e semi agli uccelli o che attirano gli insetti di cui gli uccelli si nutrono.

RACCOGLI FONDI

Perché non raccogli dei fondi per un ente benefico che tutela le foreste pluviali? Potresti organizzare un evento nella tua scuola, come un concerto, uno spettacolo comico, una gara di poesie o una vendita di torte. O potresti cercare degli sponsor per una corsa o qualsiasi attività sportiva pratichi. Potresti anche organizzare una conferenza sulle foreste pluviali e chiedere una donazione alla fine.

UNA RISORSA PREZIOSA

Come abbiamo imparato in questo libro, le foreste pluviali tropicali sono tra le zone più belle del mondo, ricche di piante e animali straordinari. Dobbiamo fare tutto il possibile per salvarle.

CONTATTA I GOVERNI

I governi dei Paesi con foreste pluviali possono approvare leggi per proteggere le aree forestali dalle attività di disboscamento, agricole e minerarie, per preservare la biodiversità, salvare le specie in via di estinzione e difendere i diritti delle popolazioni indigene. Perché non invii un'e-mail ai governi e non fai sentire la tua voce per salvaguardare le nostre preziose foreste pluviali?

GLOSSARIO

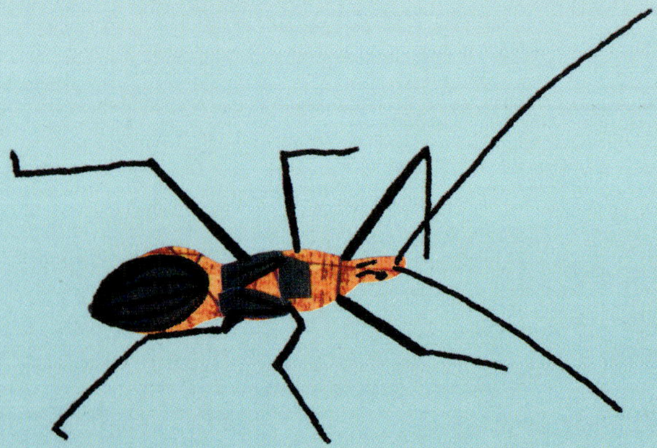

ADDOME La parte posteriore del corpo di un insetto.

AFFLUENTE Un fiume o corso d'acqua che scorre dentro un altro fiume più grande o un lago.

ALBERO DAL LEGNO DURO Un albero che cresce lentamente e con foglie larghe.

ALGHE Plurale di alga, una pianta semplice, di solito acquatica e che non fiorisce. Le alghe marine sono alghe.

BIODIVERSITÀ La varietà di piante e animali in un particolare habitat.

CABINA Un vano appeso a un dirigibile, una mongolfiera o uno skilift.

CAMBIAMENTO CLIMATICO Il cambiamento negli schemi globali del clima visibile sin dalla metà-ultimi anni del XX secolo, che gli scienziati credono sia causato dai livelli maggiori di anidride carbonica nell'atmosfera prodotti dalla combustione di combustibili fossili.

CANOPEA Le foglie e i rami più alti degli alberi di una foresta.

CAROGNA La carne putrida di animali morti.

COMBUSTIBILE FOSSILE Un combustibile come il carbone o il petrolio formatosi milioni di anni fa dai resti di organismi viventi.

DECOMPOSIZIONE Il processo di putrefazione.

DEFORESTAZIONE L'abbattimento degli alberi in una vasta area.

ECOLOCALIZZAZIONE Individuare oggetti tramite suoni riflessi; usata da animali come i pipistrelli.

ECOSISTEMA Tutte le piante e le creature viventi in una particolare area e il loro ambiente.

EMERGENTE Un albero più alto di quelli che lo circondano in una foresta pluviale.

ENERGIA IDROELETTRICA La produzione di elettricità usando acqua corrente (di solito contenuta in un bacino idrico dietro una diga) per azionare una turbina, che alimenta un generatore.

EPIFITA Una pianta che cresce su un'altra, come felci, bromeliacee e orchidee che crescono sui tronchi degli alberi nelle foreste pluviali tropicali.

ERBIVORO Un animale che si nutre di piante.

EROSIONE DEL SUOLO La rimozione dello strato superiore del suolo da parte del vento, dell'acqua, degli animali o dell'attività dell'uomo.

FOGLIAME L'insieme delle foglie di piante e alberi.

FOTOSINTESI Il processo con cui le piante usano la luce solare per ottenere nutrienti da anidride carbonica (CO^2) e acqua, e rilasciano ossigeno.

GLOSSARIO

FUNGO Un membro di un gruppo di organismi, compresi muffe, lievito e funghi, anche commestibili, che si nutrono di materia organica.

GAS SERRA Un gas come l'anidride carbonica o il metano che contribuisce all'effetto serra: il calore del Sole intrappolato nell'atmosfera.

GHIANDOLA Un organo in un animale che secerne particolari sostanze chimiche da usare nel corpo o da rilasciare.

HABITAT La casa o l'ambiente naturale di un animale o una pianta.

IMPOLLINAZIONE Il processo in cui il polline entra in un fiore o una pianta per produrre semi. I fiori fanno affidamento sugli impollinatori (vento, acqua, uccelli, insetti, farfalle e altri animali) per trasportare il polline da un fiore all'altro.

IRIDESCENTE Colori luminosi che sembrano cambiare se visti da diverse angolazioni.

LARVA La forma attiva e immatura di un insetto.

MATERIA ORGANICA Materia composta da organismi vivi o morti.

MIMETISMO La colorazione o forma naturale di un animale che gli permette di confondersi con l'ambiente circostante.

MOLLUSCO Un membro della grande famiglia degli animali dal corpo molle, tra cui chiocciole e lumaconi.

NETTARE Un liquido dolce prodotto dai fori per attirare insetti e altri animali a impollinarli.

NUTRIENTE Una sostanza che tiene in vita un essere vivente e lo aiuta a crescere.

PIUMAGGIO Le piume di un uccello.

POLLINE Una sostanza in polvere fine prodotta dall'antera (la parte maschile) di un fiore.

POPOLO INDIGENO Il popolo nativo di un particolare luogo.

PRENSILE Capace di afferrare.

PROCACCIAMENTO La ricerca di cibo.

PRODOTTO AGRICOLO PER LA VENDITA Un prodotto agricolo prodotto per la vendita invece che per uso dell'agricoltore. .

RAPACE Un uccello predatore.

SAPROFAGO Un animale che si nutre di materia morta animale o vegetale.

SECERNERE (di una cellula, una ghiandola o un organo) Produrre e rilasciare una sostanza.

SEDIMENTO Materia che si deposita sul fondo di uno specchio d'acqua.

SERPEGGIARE Seguire un percorso tortuoso.

SOTTOBOSCO Lo strato di vegetazione che cresce sotto la canopea di una foresta.

SUPERPREDATORE Un predatore in cima alla catena alimentare, senza predatori naturali.

TOSSICO Velenoso.

UMIDO Descrizione di un clima caldo con un alto livello di vapore acqueo nell'aria.

VELENOSO Detto di sostanza tossica.

INDICE ANALITICO